EL MILAGRO DE LA MONTAÑA

Impreso en México

8 7 6 5 4 3 2 1

ISBN 1-56173-930-8

Escritor: Jaime Serrano

Ilustraciones: T

Cubierta: Steph

Jesús era un niño especial. Su nacimiento se había predicho y esperado desde hacía mucho tiempo. Antes de que Jesús naciera, un ángel le dijo a María, la madre de Jesús:

—Tu hijo será un gran hombre y lo llamarán el Hijo de Dios.

Dios también le habló a José, el esposo de María, en un sueño:

—Este niño salvará a Israel de sus pecados.

¡Hasta una estrella anunció su nacimiento! Jesús era un niño tan especial que, cuando nació, tres magos lo vinieron a adorar y a traerle regalos de mucho valor. Los magos lo llamaron "El rey de los judíos".

Cuando Jesús tenía doce años, José y María lo llevaron a una fiesta religiosa en Jerusalén. Después de que terminó la fiesta, José y María regresaron a su casa en Nazaret. No vieron a Jesús pero creyeron que estaba jugando con los otros niños en el grupo. Poco después, lo buscaron y no podían encontrarlo.

José y María volvieron a toda prisa a Jerusalén a buscar a Jesús. Después de buscarlo por tres días, lo encontraron hablando con los líderes religiosos en el templo de Dios. Los líderes religiosos se dieron cuenta de que Jesús era un niño especial porque ya entendía mucho de Dios. María le preguntó a Jesús qué hacía allí. Y Jesús le respondió:

—Mamá, papá, es que yo tengo que estar en el templo de mi Padre.

El niño Jesús creció fuerte y se fue haciendo cada vez más sabio. Cuando ya era mayor, Jesús decidió irse de su casa para buscar a Juan el Bautista. Juan predicaba a las personas acerca de Jesús y las bautizaba. Al ver a Jesús, Juan le dijo a la gente:

—¡Éste es el hombre de quien yo les he hablado!

Jesús se metió al río Jordán y le dijo a Juan que era necesario que éste lo bautizara. Juan lo bautizó y en ese momento ocurrió algo maravilloso. Los cielos se abrieron y Dios mandó al Espíritu Santo en forma de una paloma, que se posó sobre Jesús. Desde los cielos, Dios dijo:

—Jesús es mi hijo, a quien quiero mucho y del que estoy contento.

Después del bautismo, Jesús empezó a predicar a la gente. Decidió escoger a doce hombres para que fueran sus ayudantes. Estos hombres eran los discípulos de Jesús. Jesús escogió a los primeros dos discípulos un día que caminaba por la orilla del mar de Galilea. Eran dos hermanos que se llamaban Simón-Pedro y Andrés. Los hermanos estaban pescando, y Jesús se les acercó y les dijo:

—Síganme, y yo los haré pescadores de hombres.

Pedro y Andrés siguieron a Jesús. Poco después, Jesús vio a otros dos hermanos que pescaban junto a su papá. Se llamaban Jacobo y Juan. Éstos también dejaron de pescar y siguieron a Jesús.

Jesús continuó buscando discípulos y un día vio a Mateo. Mateo trabajaba para el gobierno, recaudando dinero de las personas. Jesús invitó a Mateo a que se le uniera y Mateo se levantó inmediatamente y lo siguió. Mateo estaba tan contento que hizo una fiesta en su casa para Jesús y los otros discípulos.

Más adelante, Jesús escogió al resto de los doce discípulos. Los otros discípulos se llamaban Felipe y Bartolomé; Tomás y Tadeo; Santiago y Simón; y Judas, quien luego le hizo mucho daño a Jesús.

Después de escoger a sus discípulos, Jesús empezó a prepararlos para su misión. Les habló acerca de Dios y les dio poder para sanar a los enfermos. Les dijo:

—Vayan a los pueblos y háblenle a la gente acerca de mí y sanen a los enfermos.

También les advirtió que tuvieran cuidado porque algunos hombres no los iban a aceptar.

—Pero no teman—dijo Jesús,—porque nuestro Dios sabe todo lo que les ocurre y Él los cuidará.

Y con esto, salieron los discípulos de dos en dos a cumplir su misión. Predicaron las buenas noticias de la llegada de Jesús y sanaron a los enfermos. Cuando volvieron a encontrarse con Jesús, le contaron todo lo que habían hecho.

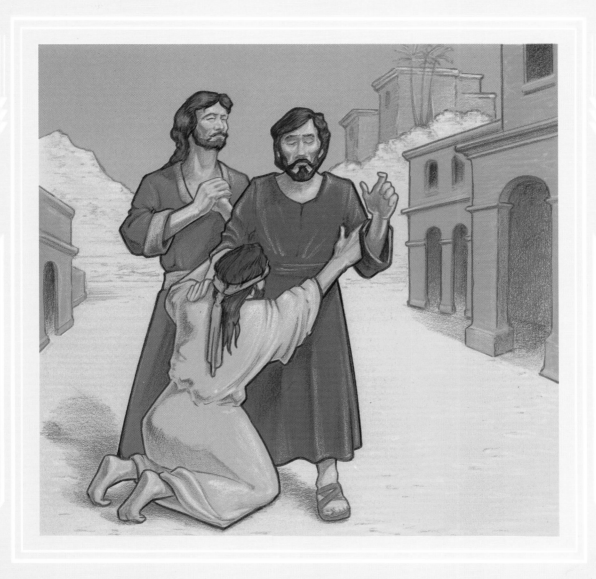

Pero todavía había mucha gente que no entendía quién era Jesús. Jesús les preguntó a los discípulos:

—¿Qué han oído, quién dice la gente que soy yo?

Los discípulos respondieron:

—Algunas personas creen que eres Juan el Bautista. Otros creen que eres el profeta Elías o el profeta Jeremías o uno de los otros profetas.

Todos estos profetas eran hombres que antes predicaban la palabra de Dios. Luego, Jesús les preguntó:

—¿Y ustedes, quién creen que soy yo?

Pedro respondió inmediatamente y con firmeza:

—¡Tú eres el Salvador, el Hijo de Dios!

Más adelante, Jesús empezó a explicarles a los discípulos lo que les esperaba.

—Es necesario que yo vaya a Jerusalén a sufrir—les dijo Jesús. Les dijo esto porque muchos de los líderes religiosos todavía no creían que Jesús era el Hijo de Dios y querían hacerle daño. A pesar de esto, Jesús tenía que ir a Jerusalén para cumplir su misión.

A Pedro esto le sorprendió mucho y le dijo:

—¡Jesús, esto no te ocurrirá!

Y Jesús le respondió:

—¡No digas eso Pedro, tengo que hacer lo que mi Padre, Dios, quiere!

Casi una semana después, Jesús llamó aparte a Pedro, a Jacobo y a Juan, y les pidió que lo siguieran a un monte bien alto. Al llegar a la cima del monte, ocurrió un milagro maravilloso. ¡El rostro de Jesús empezó a cambiar! ¡Su rostro se puso como el sol de brillante y su ropa se volvió blanca, más blanca que la nieve!

Aunque el resplandor era muy fuerte, Pedro, Jacobo y Juan, pudieron ver a dos hombres que hablaban con Jesús. ¡Eran Elías y Moisés, dos profetas de otros tiempos!

De pronto, una nube los cubrió y desde la nube se escuchó la voz de Dios, que decía:

—Jesús es mi Hijo y lo quiero mucho. Escuchen con atención lo que Él les dice.

Cuando Pedro, Jacobo y Juan oyeron la voz de Dios, se tiraron al suelo, llenos de temor. Jesús se acercó, los tocó y les dijo:

—¡No teman!

Los tres dicípulos miraron a su alrededor y notaron que todo estaba como antes de que ocurriera el milagro. Lo que sucedió fue que Pedro, Jacobo y Juan vieron a Jesús en todo su esplendor en el cielo. Jesús les pidió que no le contaran nada a nadie sobre el milagro que acababan de presenciar hasta que Él regresara de Jerusalén.